# BEI GRIN MACHT SI
# WISSEN BEZAHLT

- Wir veröffentlichen Ihre Hausarbeit,
  Bachelor- und Masterarbeit

- Ihr eigenes eBook und Buch -
  weltweit in allen wichtigen Shops

- Verdienen Sie an jedem Verkauf

## Jetzt bei www.GRIN.com hochladen
## und kostenlos publizieren

Michael Schmitt

# Helden im Sport. Die Darstellung des Kletterers Wolfgang Güllich und die Rolle seines Todes

GRIN Verlag

**Bibliografische Information der Deutschen Nationalbibliothek:**

Die Deutsche Bibliothek verzeichnet diese Publikation in der Deutschen National-
bibliografie; detaillierte bibliografische Daten sind im Internet über http://dnb.d-
nb.de/ abrufbar.

**Impressum:**

Copyright © 2012 GRIN Verlag GmbH
Druck und Bindung: Books on Demand GmbH, Norderstedt Germany
ISBN: 978-3-656-64150-6

**Dieses Buch bei GRIN:**

http://www.grin.com/de/e-book/271884/helden-im-sport-die-darstellung-des-klet-
terers-wolfgang-guellich-und-die

**GRIN - Your knowledge has value**

Der GRIN Verlag publiziert seit 1998 wissenschaftliche Arbeiten von Studenten, Hochschullehrern und anderen Akademikern als eBook und gedrucktes Buch. Die Verlagswebsite www.grin.com ist die ideale Plattform zur Veröffentlichung von Hausarbeiten, Abschlussarbeiten, wissenschaftlichen Aufsätzen, Dissertationen und Fachbüchern.

**Besuchen Sie uns im Internet:**

http://www.grin.com/

http://www.facebook.com/grincom

http://www.twitter.com/grin_com

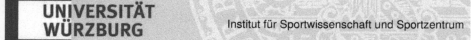

Julius-Maximilians-
**UNIVERSITÄT**
**WÜRZBURG**

Institut für Sportwissenschaft und Sportzentrum

Modul: Sportwissenschaftliche Berufsfelder mitgestalten und entwickeln - Bewegungskultur

Seminar: Sportwissenschaftliches Arbeiten/Forschen aus sozialwissenschaftlicher Perspektive

Semester: WS 2011/12

Autor: Michael Schmitt

Abgabe: 30.04.2012

# Hausarbeit

## Thema:

## Helden im Sport – Eine Analyse der Darstellung des Kletterers Wolfgang Güllich und die Rolle seines Todes

# Inhaltsverzeichnis

*"Das Gehirn ist der wichtigste Muskel beim Klettern."*

*"Es ist schon richtig, dass beim Klettern an Einfingerlöchern der Finger extrem beansprucht wird. Allerdings werden die restlichen Finger vollkommen geschont."*

*"Man geht nicht nach dem Klettern einen Kaffee trinken, sondern Kaffeetrinken ist Teil des Kletterns."*

*„Noch nie habe ich das Leben in seiner Schönheit so intensiv erfahren, wie an zwei Fingerspitzen frei über dem Abgrund hängend."*

*[Wolfgang Güllich (1960-1992)][1]*

# 1. Einleitung

Am 31. August 1992 erlag der Kletterer Wolfgang Güllich den Folgen eines Autounfalls. Nicht jeder kannte ihn. Gesehen haben ihn dennoch Millionen von Menschen – als Stallone-Stuntdouble in dem Film „Cliffhanger – nur die Starken überleben", dessen Premiere er selbst nicht mehr miterlebte. Er war einer derjenigen, die das Klettern als einen Sport etablierten. Unter Seinesgleichen war er hochgeschätzt. Seine immer wieder erstaunlichen Leistungen wurden sehr bewundert, seine Persönlichkeit noch mehr. Mit seiner Bescheidenheit und seiner Zielstrebigkeit, seinem Umgang mit Menschen und seiner Lebenseinstellung beeindruckte er viele. Sein Leben war vorbildlich, sein Tod tragisch. Er ist als Held von uns gegangen. Oder doch nicht? Diese Frage versucht diese Arbeit nicht zu beantworten. Welche Frage sie jedoch behandelt, ist, ob er als Held dargestellt wurde, und ob es Anzeichen dafür gibt, dass sein früher Tod mit nur 31 Jahren (*23. Oktober 1960) zu einer heldenhafteren Darstellung führte als sie es vor dem 31. August 1992 war.

Um diese Frage beantworten zu können, benötigt es zunächst eine Idee des Heldenbegriffs und welche Rolle diese im Sportsystem spielt. Die Bedeutung des Todes – insbesondere eines frühen Todes – in diesem Zusammenhang wird anschließend erläutert.

---

[1] Güllich, W. (1960-1992a)

Bevor die Analyse eines Kurzportraits[2] zu Lebzeiten Güllichs und die Analyse des Dokumentarfilms *„Jung stirbt, wen die Götter lieben"*[3] erfolgen, wird noch auf die Besonderheit dieses audiovisuellen Mediums eingegangen.

## 2. Der Heldenbegriff

Der Begriff „Held" ist sowohl innerhalb als auch außerhalb des Sportsystems nur unscharf formuliert.[4] So kann lediglich eine Annäherung daran stattfinden.

### 2.1 Helden in ihrer Geschichte und heute

Der antike Held ist jemand mit übermenschlichen Fähigkeiten, der deshalb eine Stellung zwischen Göttern und Menschen einnimmt.[5] Auch heute liegt die Faszination an solchen Persönlichkeiten darin, dass sie das Sichtbare mit dem kaum Erklärbaren verbinden und somit Außeralltägliches zeigen.[6] Einerseits erfüllt der Held damit stellvertretend den Wunsch des Menschen nach Exzellenz und andererseits ermöglicht er eine Identifikation auf der Basis von Ähnlichkeiten.[7]

Das Potenzial zum steten Hinausschieben der Leistungsgrenzen ist bereits anthropologisch im Menschen angelegt.[8] Die Massenmedien und damit auch die Öffentlichkeit sind es dann, die diejenigen, die diese Höchstleistungen erbringen, in Interaktionsprozessen zu Stars, Idolen oder auch zu Helden etikettieren.[9] Die hierfür erforderlichen besonderen charakterlichen und körperlichen Fähigkeiten sind in den potentiellen Heroen bereits vorhanden, welche diese dann in einer sozialen Situation, in der diese gefordert werden, zur Entfaltung bringen. Der Heldenstatus muss erarbeitet und Fremderwartungen müssen erfüllt werden. Für die Etikettierung als Held genügt Begabung also alleine nicht. Entscheidend hierfür ist vielmehr die Bereitschaft, sich für die Gemeinschaft und ihre tragenden Werte aufzuopfern,[10] womit „[d]er ‚totale' Einsatz

---

[2] Ballenberger, T. & Hepp, T. (1991)

[3] Roeper, M. & Schmoll, J. (2002)

[4] vgl. Emrich, E. & Messing, M. (2001), S. 43

[5] vgl. Horsmann, G. (2000), S. 64

[6] vgl. Gabler, H. (1999), S. 426

[7] vgl. Emrich, E. & Messing, M. (2001), S. 50

[8] vgl. Emrich, E. & Messing, M. (2001), S. 43; Gehlen, A. (1964), S.46ff

[9] vgl. Emrich, E. & Messing, M. (2001), S. 43 und S. 52

[10] vgl. Emrich, E. & Messing, M. (2001), S. 50ff; Eisenberg, C. (2010), S. 129

des Helden [...] im Kontrast zur funktional spezifischen Einbindung des einzelnen in die Rollensysteme ausdifferenzierter Gesellschaften [steht]"[11]. In der heutigen Gesellschaft jedoch wirkt auch der Held in seiner Rollenspezialisierung in dem jeweiligen System (z.B. Sportsystem), in dem er sich befindet.[12] Ebenso ist der „kollektive Wertbezug" einer eher individualistischen Interessenslage gewichen.[13]

## 2.2 Die Heldeninitiation

Das Ritual, durch das jemand zum Helden wird, ist dabei typisch und wiederholt sich seit Herakles in seinen Grundzügen: „Auszug, Konfrontation, Erfüllung, erfolgreiche Rückkehr oder (sozialer) Tod"[14]. Die verschiedenen Phasen der Heldeninitiation sind also das Überwinden innerer Widerstände und der hiermit verbundene Entschluss, das eigentlich Unmögliche zu versuchen. Die dabei vorgefundenen Widerstände und erfahrenen Leiden werden in Kauf genommen. Es kommt zu einer Bewährungsprobe, im Verlauf deren auch Angst bzw. Furcht empfunden werden kann und überwunden werden muss. Das Leben bzw. die körperliche Unversehrtheit sind der Einsatz, das Handlungsfeld ist zeitlich und räumlich begrenzt. Neben dem triumphalen Empfang, den der Held bei der Rückkehr erhält, gewinnt er durch den „Eingang in das kollektive Gedächtnis [...] eine Art Unsterblichkeit"[15].

## 2.3 Helden im Sport

Spitzensportler zeigen außeralltägliche Leistungen und erfüllen damit eine wichtige Bedingung, als Helden etikettiert werden zu können. Zusätzlich besitzt der Sport durch die Ermöglichung von Interessensverschränkungen in differenzierten Gesellschaften eine höhere „Heldenerzeugungskompetenz"[16] als alle anderen Sozialbereiche. Während von den „Alltagshelden"[17] nur zeitweise die Rede in den Massenmedien ist, spricht Bette sogar von einer „Monopolisierung der Heldenrethorik zugunsten des

---

[11] Emrich, E. & Messing, M. (2001), S. 51f
[12] vgl. ebd., S. 50f und S. 63
[13] vgl. ebd., S. 51f und S. 64
[14] Emrich, E. & Messing, M. (2001), S. 51
[15] ebd.
[16] Bette (2007), S. 8
[17] ebd., S. 7

Sports"[18] und Schmitz vom zum Teil inflationären Gebrauch des Heldenbegriffs.[19] Eisenberg geht noch ein Stück weiter und meint, der Sportheld sei durch die „Inflation der Sportsieger"[20] zu einer tragischen Figur geworden.[21] Die Struktur, durch die Helden im Sport erzeugt werden, bringt Bette folgendermaßen auf den Punkt:

> „Es sind [...] häufig tatsächliche oder antizipierte Notsituationen, die Menschen im Sport zu Helden machen. [...] Sporthelden sind deshalb als Sozialfiguren anzusehen, die mit ihrem beherzten und manchmal auch aufopfernden Handeln letztlich auf strukturell und künstlich hergestellte Not- und Gefährdungssituationen reagieren"[22].

In seiner Heldentypologie beschreibt er u. a., dass sich aufgrund von Unterschieden in den Anforderungsprofilen der Sportarten, der Wirkdauer des Sportlers sowie dessen Körperhabitus und performativer Qualitäten auch unterschiedliche Heldentypen ergeben.[23]

Eine Frage, welcher Bette in seiner Heldentypologie nicht nachgeht, ist diejenige, ob es eine Art von „sportartspezifischem Heldentum" gibt bzw. geben kann, oder ob sich dies mit dem Begriff des Helden ausschließt. Denkbar wäre eine „imagined community"[24], die sich auf die Ausübenden der jeweiligen Sportart beschränkt. In der folgenden Analyse spielt dies insbesondere deshalb eine Rolle, weil sich Güllich als Kletterer in einem Randgebiet des öffentlichen Sports bewegte.

## 2.4 Heldentum und Tod

Wie bereits unter 2.1 beschrieben, nimmt der antike Held eine Stellung zwischen Menschen und Göttern ein. Er unterscheidet sich insbesondere durch seine kurze Lebensspanne von Gottheiten, kämpft jedoch gegen dieses „menschliche Schicksal"[25] an, indem er sich „in Extremsituationen wagt"[26], dabei seine Kraft verbraucht und häufig

---

[18] vgl. Bette (2007), S. 7f
[19] vgl. Schmitz (2010), S. 3
[20] Eisenberg (2010), S. 133
[21] vgl. ebd.
[22] Bette (2007), S. 14
[23] vgl. ebd. S. 12
[24] ebd. S. 16
[25] Hermes, K. (2007), S. 6
[26] ebd.

jung stirbt. Nach der heidnischen Idee des Heldentums verhilft ihm der frühe Tod zu größerem Ruhm.[27]

So wie dem verstorbenen Helden noch Macht zugesprochen wird, werden auch Sporthelden nach deren Tod verehrt.[28] Der Held von gestern wird häufig mehr geschätzt als aktuelle herausragende Sportler. Sie haben im Gegensatz zu gegenwärtigen Sportgrößen den Vorteil, keine abnehmende Leistungsfähigkeit mehr vor sich zu haben.[29] Denn den Heldentitel kann der Sportler durch schlechte sportliche Leistungen auch wieder verlieren.[30] Und da hinter dem „Erzeugen und Zerstören ihrer Helden"[31] soziale Motive der Gesellschaft stehen, kann er dies auch durch das Symbolisieren „falscher" Werte.[32] Der „Heldenstatus ist [auch] deshalb immer prekär und labil, weil die Konkurrenz eigene Heldenansprüche stellt. Der Spitzensport ist insofern ein System, das Helden sowohl *hervorbringen* als auch *symbolisch töten* kann"[33].

> „Selbst der neuzeitliche Sportheld muß in treuer Befolgung des Leistungsprinzips beständig seinen Ruhm aktualisieren, lebt also auf der Ansehensebene sozusagen von der ‚Hand in den Mund'. Dies erleichtert in einer das Leistungsprinzip als Legitimation für Statuszuweisungen nutzenden Gesellschaft die Mystifizierung des Sportlers als Helden"[34].

Der Held muss sich also nicht nur den Erwerb des Heldenstatus`, sondern auch dessen Erhalt erarbeiten. Dass die entsprechende Kompetenz, um dies in Wechselwirkung mit der Öffentlichkeit zu schaffen, nicht jeder ehemalige Held besitzt, wird an den vielen Abstiegen und so manchem unerwarteten Comeback deutlich.[35]

---

[27] vgl. ebd., S. 6

[28] vgl. Hermes, K. (2007), S. 6f und S. 21; Emrich, E. & Messing, M. (2001), S. 52

[29] vgl. Eisenberg (2010), S. 135

[30] vgl. Bette (2007), S. 15

[31] Dewald (2005), S. 213

[32] vgl. ebd.

[33] ebd.

[34] Emrich, E. & Messing, M. (2001), S. 63f

[35] vgl. Bette (2007), S. 16ff

# 3. Der Dokumentarfilm als audiovisuelles Medium

## 3.1 Die Besonderheiten audiovisueller Medien

Zu den wichtigsten Medien gesellschaftlicher Kommunikation zählen heutzutage audiovisuelle Medien – insbesondere Filme.[36] Die Besonderheiten des Mediums „Film" sind v. a. die Bewegung, die in den Bildern zu sehen sind, dass der Kommunikationsvorgang über die gesprochene und geschriebene Sprache läuft, die Zeit festgehalten ist, sich alles wiederholen lässt und die Wahrnehmung sowohl über den Gehör- als auch über den Sehsinn stattfindet. Der Film ist damit „der Realität so ähnlich, aber nicht die Realität an sich"[37].

## 3.2 Die Funktionen audiovisueller Medien

Die wichtigsten Funktionen dieser Medien in der heutigen Zeit sind:
→ Sozialisationsfunktion (Informationen über Umwelt)
→ Rekreations- und Gratifikationsfunktion (Ablenkung, Unterhaltung, psychische Stimulierung, Entspannung)
→ Eskapismusfunktion (Flucht aus dem Alltag in neue Realität)
→ Voyeurismusfunktion (Zugang zu Geheimnissen und Neuem)
→ Domestizierungseffekt (Fremdes wird ins Wohnzimmer gebracht)
→ Illusion des „Dabeiseins" (Teilhabe am Weltgeschehen)[38]

Einige dieser Funktionen unterstützen die Bildung von Heldenfiguren. Wie oben beschrieben, ermöglicht der Held Identifikationen und erfüllt stellvertretend Wünsche. Dabei spielt es eine entscheidende Rolle, dass „[m]it der Abbildung von Wirklichkeitsaspekten [...] unser ganzes theoretisches, praktisches, soziales etc. Wissen [dazu] aufgerufen [ist], an der Bedeutungserzeugung des Films mitzuarbeiten"[39]. Der Film hat dementsprechend auch etwas mit Gesellschaftskritik zu tun und der Tatsache, dass es auch anders sein kann.[40] Durch die Direktheit, die einem

---

[36] vgl. Grassl, M. (2007), S. 12f
[37] Grassl, M. (2007), S. 14f; vgl. S. 12
[38] vgl. Grassl, M. (2007), S. 12f
[39] ebd., S. 91
[40] vgl. Kuchenbuch, T. (2005), S. 280

ein Film bietet, ist man gewissermaßen live dabei, wenn jemand anderes, dem man „gar nicht so unähnlich" ist, aufregendes, fremdes, neues, anderes erlebt und erreicht.

## 3.3 Der Dokumentarfilm

Der Dokumentarfilm als Genre kann nicht allgemeingültig beschrieben werden, da er als Gegenstand zu vielgestaltig ist.[41] Ein Dokument ist „das zur Beschreibung von Etwas oder zur Erhellung von Etwas dienliche"[42]. Eine absolute allgemeingültige Wahrheit kann jedoch nicht abgebildet werden, da Dokumentarfilme als zugehörig zum Medium „Film" aus den Kunsttraditionen kommen und nach subjektiven Vorstellungen und Erlebnissen konzipiert sind.[43] Sie „befinden sich im Grenzbereich zur inszenierten Wirklichkeit"[44], sind also „gestaltete Realität"[45]. Diese hängt von den kulturellen Werten und Normen und der Art und Weise ab, wie sie die Filmemacher verinnerlicht haben.[46] Der Anspruch, den ein Dokumentarfilm haben kann, ist dementsprechend Glaubwürdigkeit, die der authentischen Darstellung verpflichtet ist und gleichzeitig die Berechtigung hat, subjektiv zu sein.[47] So „kann zwar ein manipulationsfreier Dokumentarfilm im negativen Sinn vermieden werden, jedoch nie ein konstruktionsfreier"[48].

## 4. Wolfgang Güllich – ein Held?

### 4.1 Wolfgang Güllichs Potential zum Helden

Durch das Anforderungsprofil der Sportart Klettern und dem System der Schwierigkeitsgrade ergibt sich eine gewisse Vergleichbarkeit des Kletterkönnens. Da sich Wolfgang Güllich nicht in Turniersystemen bewegte, hatte er jedoch keine direkten Konkurrenten im Sinne dessen, wie es in der Literatur in Bezug auf Sporthelden in der

---

[41] vgl. Grassl, M. (2007), S. 16f; Kuchenbuch (2005), S. 277

[42] Grassl, M. (2007), S. 16f

[43] vgl. Kuchenbuch, T. (2005), S. 90; Grassl, M. (2007), S. 16f

[44] Grassl, M. (2007), S. 144

[45] ebd., S. 18

[46] vgl. ebd., S. 144

[47] vgl. ebd., S. 17f und S. 144

[48] ebd., S. 133

Regel zur Sprache kommt. Güllichs dargestellte Einstellung zum Leistungsvergleich untereinander wird in folgendem Zitat aus dem Kurzportrait, das anschließend noch auf Hinweise auf ein etwaiges Heldentum analysiert wird, verdeutlicht:

> *„Im Gegensatz zur weitverbreiteten Meinung ist das Sportklettern völlig unabhängig von den gekletterten Schwierigkeitsgraden. Vielmehr ist allein die geistige Einstellung und die Zielsetzung über das ‚Wie' einer Kletterei von Bedeutung. Die erste und wichtigste Regel der Sportkletterer heißt freies Klettern. Dies bedeutet, daß man die Schwierigkeiten einer Felswand akzeptiert und versucht, sie ohne künstliche Hilfsmittel zur Fortbewegung zu bewältigen"[49].*

Was stattdessen immer wieder offensichtlich gemacht wird, ist, dass es Güllich um das Verschieben der eigenen Leistungsgrenze und um das Menschenmögliche im Klettersport im Allgemeinen ging.

Dies gelang ihm laut der Darstellung über viele Jahre hinweg und damit zu einem großen Teil seines Lebens. Damit wäre eine Bedingung erfüllt, Güllich als einen „Langzeithelden" zu bezeichnen.

Die Breite der Menschenmasse, auf die er wirkte, scheint nicht nennenswert über die Klettergemeinschaft hinauszugehen. Dafür waren seine öffentlichen Auftritte wie derjenige am 23. Januar 1988 in der Sendung „Wetten dass..?" vermutlich zu selten. Die Massenmedien interessierten sich nur sehr eingeschränkt für diese damals noch junge Sportart. Falls Güllich als Held wirkte, dann wahrscheinlich auf eine „imagined community" der Kletterer.

Was einem möglichen Heldenstatus zu Gute kommen könnte, wäre die Tatsache, dass es keine Anzeichen für eine absinkende Leistungskurve vor Güllichs Tode gibt.

## 4.2 Darstellung Wolfgang Güllichs vor dessen Tod

Das nun Folgende bezieht sich auf die Analyse des Kurzportraits von Ballenberger, T. & Hepp, T. (1991). Im Anhang I befindet sich eine Übersicht mit Auflistungen der Bezeichnungen, Leistungen und Eigenschaften Güllichs, die im Text genannt sind.

In dem Portrait wird Güllich als unglaublich guter Sportler dargestellt, der viel Pionierarbeit sowohl in sportpraktischer als auch in theoretischer Hinsicht geleistet hat. Sein Werdegang sowie einzelne Erfolge im Verschieben der Leistungsgrenzen in der

---

[49] Güllich, W. (1960-1992b)

Kletterwelt werden aufgeführt. So wird sein Weg „von den ersten Gehversuchen in familiärer Sicherheit" zum angesehenen Kletterer als das „Überholen lokaler Klettergrößen in traumwandlerischer Sicherheit" beschrieben. Seine Artikel über das Sportklettern werden als „kritisch fundiert" bezeichnet und verschiedene „grandiose Maßstäbe", die er setzte – wie beispielsweise das „Überwinden der Schallmauer des zehnten Grades" – werden benannt. „Neue Superlative folgten" und „mit einem Free-solo-Durchstieg der VIII-Route ‚Seperate Reality' in 200 Metern Höhe schockte er nicht nur die lokalen Kletterer im kalifornischen Yosemite". Gegen Ende der Darstellung setzte er außerdem ein „Zeichen für eine neue Ära des Himalayabergsteigens".

Die Bedeutung seiner Leistungen für den Klettersport und die Erschwernisse, unter denen er agierte, werden aufgezeigt. Dabei steht seine Person häufig im Mittelpunkt. Bezeichnungen wie „einer der profiliertesten und besten Kletterer der Welt", „einer der ganz großen Pioniere dieser noch jungen Sportart", „Kletterphilosoph", „Ausnahmekletterer" und „Kletteras" sowie die Aussage, dass er „Sportklettergeschichte" schrieb, unterstreichen dies.

Die ihm zugeschriebenen Eigenschaften vermitteln einerseits sehr viel Bodenständigkeit: Güllich sei „nachdenklich", „hintergründig", „bestimmend", „differenziert" und „hintersinnig". „Seine Lebensauffassung: nur kein Overstatement!" Andererseits werden ihm und dem mit ihm verbundenen Klettersport moderne Werte und Denkweisen zugesprochen, die eine gedankliche Flucht aus dem Alltag des Lesers begünstigen: „Andere Kulturen", „neues Denken", anderes Lebensgefühl", „Ungebundenheit", „Toleranz", „Individualität", „Kreativität" und „Selbstverwirklichung".

Die dargestellte Antwort auf die Frage, ob er „lebensmüde" sei, da er solch „lebensbedrohende Unternehmungen" mache, zeigt Güllich als lebenshungrigen Menschen:

*„Das Argument ‚lebensmüde' läßt sich am leichtesten widerlegen. Denn in keiner anderen Lebenssituation bist du so lebenshungrig, lebst und empfindest du so intensiv, kämpfst und verteidigst dein Leben so hartnäckig gegen ein Risiko, das zwar objektiv besteht, das du aber subjektiv hundert Prozent in der Hand hast. Denn*

*wochen- und monatelang hast du dich psychisch und physisch mit diesem Stück*
*Weg im Fels auseinandergesetzt"[50].*

## 4.3 Darstellung Wolfgang Güllichs nach dessen Tod

Die folgenden Ausführungen beziehen sich auf den Film „Jung stirbt, wen die Götter
lieben"[51], wobei zunächst schon der Titel einen Bezug zum antiken Helden zulässt.

Ebenso kann ein mythischer bzw. religiöser Zusammenhang mit der Bezeichnung
seines Grabes als „Wallfahrtsstätte" gesehen werden, nachdem direkt zu Beginn auf
Güllichs Tod eingegangen wurde. In diesem Zusammenhang fallen einige Begriffe zu
Güllich: „Er war ein Weltreisender in Sachen Klettern", „Kletter-As Güllich starb bei
Unfall" und er „wurde von den alten Bergfreunden verstanden und von den jungen
bewundert". Später wird Güllich als „Genie", „lebende Legende, dessen
Vormachtstellung uneinnehmbar erscheint", „Inhaber vieler Rekorde und Pionier des
Kletterns" bezeichnet. Bei der Aussage: „Und so wie Che Guevara einst auszog, die
Revolution in ferne Länder zu exportieren, beschließt Güllich, den Freiklettergedanken
auf die Berge des Himalaya zu übertragen" lassen sich deutliche Parallelen zur
Heldeninitiation, wie sie auch unter 2.3 beschrieben ist, ziehen.

Güllichs Leistungen im Sportklettern werden in ähnlicher Weise wie im zuvor
analysierten Kurzportrait dargestellt. Die vielen Male, als er die Leistungsgrenze nach
oben verschob, werden aufgezeigt. Es wird jedoch auch auf seine Trainingsmethoden
eingegangen, was Güllich für den Zuschauer greifbarer macht. Insbesondere auch
seine Beschreibung seiner Gefühle („Angst", „Beklemmung") vor der Free-Solo-
Begehung lassen Güllich menschlich erscheinen.

Güllich werden gute genetische Voraussetzungen für das Klettern bezeugt. Er wird als
sehr zielstrebig, gastfreundlich und sachlich dargestellt. Im Ausschnitt aus der Sendung
„Wetten dass..?" sieht man ihn als fairen zurückhaltenden Mann, dem „am Schluss nicht
einmal mehr die Gratulation gelingt". Dieselbe Botschaft gibt die Aussage „bei den
aufkommenden Kletterwettkämpfen drängt es ihn nicht ins Rampenlicht" wider. Ein

---

[50] Güllich, W. (1960-1992b)

[51] Roeper, M. & Schmoll, J. (2002)

Freund von ihm meinte, „viele Mädels" sagten: ‚so ein netter, gut wohl erzogener, schüchterner Mensch!' Aber stille Wasser – speziell der Wolfgang – gründen schon sehr tief". Auch im Film also werden viele Eigenschaften von Güllich in den Vordergrund gestellt, die ihn sehr bodenständig und alltäglich erscheinen lassen. Das Haus seiner früheren Wohngemeinschaft mit Kurt Albert sowie seine Zukunftspläne, mit seiner Frau „ein Haus zu bauen", geben weitere Einblicke und lassen genauso wie gezeigte Schicksalsschläge (Tod des jüngeren Bruders) Identifikationen zu.

Andererseits ist es auch hier wieder so, dass Außergewöhnliches gezeigt wird, insbesondere ein voller Einsatz für seine jeweiligen Vorhaben bis zur Aufopferung wird deutlich („wie abgeschaltet"). Ebenso werden Dreharbeiten eines Films gezeigt, der 1986 gedreht wurde, und durch den die „neue Art des Kletterns" und der damit einhergehende „Lebensstil" deutschlandweit bekannt gemacht wurden.

Als das Gerücht eines Leistungsabfalls Güllichs herumgegangen sei, habe er sich noch einmal selbst übertroffen und die bis dahin schwierigste Route der Welt geklettert. Anschließend nahm er das Angebot an, als Stuntdouble in dem Film „Cliffhanger – Nur die Starken überleben" mit Stallone zu arbeiten, der ebenfalls im Film gezeigt wird, und der Güllich Bewunderung zollt. Vor seinem Tod wollte er „häuslich" werden. Von einer gesunkenen Leistungskurve war jedoch noch nicht die Rede.

*„Ich bin überaus glücklich in meiner Position. Ich kann mir kein schöneres Leben überhaupt vorstellen als das, was ich führe, weil ich mir jeden Wunsch tatsächlich erfüllen kann. Vielleicht hab ich jetzt nicht so materielle Wünsche, weil ich davon ausgehe, dass Erlebnis und Erfahrungen das einzig Wichtige im Leben sind. Materielle Dinge – die vergehen, die sind weg. Dagegen ein Erlebnis, das man irgendwo in der Fremde oder auch hier hat, in dem man sich ganz intensiv erfährt in einer Extremsituation des Sports zum Beispiel, die sind viel lebendiger und anhaltender, intensiver als alle anderen Sachen. Und ich glaub, das sind auch Dinge, in denen man im Alter mehr zehren kann als ein Auto, das irgendwo verrostet und dann weg ist"[52].*

---

[52] Güllich, W. (1960-1992c), Min. 37f)

# 5. Resümee

Die Frage, der in dieser Arbeit nachgegangen wurde, war, ob Wolfgang Güllich in den Medien als Held dargestellt wurde, und welche Rolle sein früher Tod diesbezüglich hatte.

Nach den Analysen des Kurzportraits[53] und des Dokumentarfilms[54] kann zusammengefasst werden, dass Güllich Anzeichen von Heldentum zugeschrieben werden, wenngleich er kein typischer Sportheld ist. Das Heldenpotential wie unter 4.1 beschrieben, wurde von den Medien ausgeschöpft. Nachdem die Darstellung insbesondere vor seinem Tode vermehrt auf die sportliche Leistung gerichtet war, gab es rückwirkend bezugnehmend auf Güllichs Leben mehr Zuschreibungen, die als heldentypisch zu bezeichnen sind.

Der Vollständigkeit halber muss hier nochmals erwähnt werden, dass der Dokumentarfilm nicht den Anspruch auf absolute allgemeingültige Wahrheit hat. Seinen Anspruch auf Glaubwürdigkeit im Rahmen seiner Geschichte um das Leben Güllichs bei einer authentischen Darstellung erfüllt zu haben, kann zumindest vorsichtig bestätigt werden.

---

[53] Ballenberger, T. & Hepp, T. (1991)
[54] Roeper, M. & Schmoll, J. (2002)

# 6. Literatur

Ballenberger, T. & Hepp, T. (1991): Kurzportrait 1991. Flyer über Wolfgang Güllich anlässlich einer Diavortragsreihe in den Jahren 1990/91. Zugriff am 26.04.2012 unter: http://www.wolfgangguellich.com/artikel/a1.pdf.

Bette, K.-H. (2007): *Sporthelden – Zur Soziologie sozialer Prominenz.* In: Pohlmann, A. (Hrsg.): *Spitzensport und Staat – eine Standortbestimmung vor Peking 2008.* Köln. 7-20.

Dewald, P. (2005): *Baseball als heiliges Symbol. Über die rituelle Inszenierung amerikanischer Besonderheit.* Aachen.

Eisenberg, C. (2010): *Die Unsterblichkeit des Sporthelden und die Herabsetzung der athletischen Leistung.* In: LWL-Industriemuseum (Hrsg): *Die Helden-Maschine. Zur Aktualität und Tradition von Heldenbildern.* Essen. 129-136.

Emrich, E. & Messing, M. (2001): *Helden im Sport? Sozial- und zeithistorische Überlegungen zu einem aktuellen Phänomen.* In: Meck, S. & P.G. Klussmann (Hrsg.): *Festschrift für Dieter Voigt.* Münster. Zugriff am 19.01.2012 unter: http://books.google.de/books?hl=de&lr=&id=3Yv2g5fmIIUC&oi=fnd&pg=PA43&d q=Helden+im+Sport&ots=NjBMVQNmSk&sig=NKsbT3pHqWktsHL2MIYx8YN1xk Y#v=onepage&q=Helden%20im%20Sport&f=false.

Gabler, H. (1999): *Charismatische Persönlichkeiten im Sport.* In: Sportwissenschaft 29, 4, 412-426.

Gehlen A. (1964): *Anthropologische Forschung.* Reinbek bei Hamburg.

Grassl, M. (2007): *Das Wesen des Dokumentarfilms. Möglichkeiten der Dramaturgie und Gestaltung.* Berlin.

Güllich, W. (1960-1992a): Zitat in: Hepp, Tillmann (2004): *Wolfgang Güllich – Leben in der Senkrechten. Eine Biographie.* Stuttgart. 8+12.

Güllich, W. (1960-1992b): Zitat in: Ballenberger, T. & Hepp, T. (1991): Kurzportrait 1991. Flyer über Wolfgang Güllich anlässlich einer Diavortragsreihe in den

Jahren 1990/91. Zugriff am 26.04.2012 unter: http://www.wolfgangguellich.com/artikel/a1.pdf.

Güllich, W. (1960-1992c): Interview. In: Roeper, M. & Schmoll, J. (2002): *Jung stirbt, wen die Götter lieben.* Dokumentarfilm. Bayerischer Rundfunk. Min. 37-38.

Hermes, K. (2007): *Die Kreation eines Helden durch Sportmedien und –literatur – am Beispiel von Fritz Walter.* Examensarbeit. Zugriff am 19.01.2012 unter: http://www.mythos-magazin.de/mythosforschung/kh_walter.pdf.

Horsmann, G. (2000): *Heroisierte Olympiasieger im antiken Griechenland und die modernen „Helden" im Sport.* In: Messing, M & Müller, N. (Hrsg.) unter der Mitwirkung von Preuß, H.: *Blickpunkt Olympia: Entdeckungen, Erkenntnisse, Impulse. Focus on Olympism: Discoveries, Discussion, Directions.* Kassel und Sydney, 61-71.

Kuchenbuch, T. (2005): *Filmanalyse. Theorien – Methoden – Kritik.* 2. Auflage. Wien.

Roeper, M. & Schmoll, J. (2002): *Jung stirbt, wen die Götter lieben.* Dokumentarfilm. Bayerischer Rundfunk.

Schmitz, A. (2010): *Helden des Sports: Analysemodell und praktische Anwendung.* Masterarbeit im Fach Germanistik zur Erlangung des Grades Master of Arts (M.A.). Düsseldorf.

# Anhang I

Übersicht der Darstellung Wolfgang Güllichs in: Ballenberger, T. & Hepp, T. (1991).

| Bezeichnungen | Leistungen | Eigenschaften |
|---|---|---|
| • Seit Jahren einer der profiliertesten und besten Kletterer der Welt<br>• Einer der ganz großen Pioniere dieser noch jungen Sportart<br>• Kletterphilosoph<br>• Ausnahmekletterer<br>• Kletterpionier<br>• Schrieb Sportklettergeschichte<br>• Kletteras<br>• Expeditionsleiter | • Überholt lokale Klettergrößen in traumwandlerischer Sicherheit<br>• Schreibt kritisch fundierte Artikel<br>• Wiederholt einen schwierigen Weg nach dem anderen<br>• Setzt grandiose Maßstäbe im Klettersport<br>• eröffnete die erste Route des achten Grades<br>• Überwindet die Schallmauer des zehnten Grades<br>• erste Rotpunktbegehung der ersten X+ Route der Welt<br>• Schockt mit Durchstieg der VIII-Route „Seperate Reality" free solo<br>• Macht lebensbedrohende Unternehmungen<br>• Setzt neue Superlative<br>• Klettert erste Route der Welt im unteren elften Grad<br>• Setzt auch im hintersten Winkel des Himalayas einen neuen Markstein<br>• Setzt Zeichen für eine neue Ära des Himalayabergsteigens | • Nachdenklich<br>• Hintergründig<br>• Bestimmend<br>• Hintergründiges Denken<br>• Differenziert<br>• Eigene Gedanken über die Anfangszeit des Sportkletterns<br>• Sportklettern als Lebensstil<br>• Reisen<br>• Andere Kulturen<br>• Neues Denken<br>• Anderes Lebensgefühl<br>• Ungebundenheit<br>• Toleranz<br>• Individualität<br>• Kreativität<br>• Selbstverwirklichung<br>• Hintersinnig<br>• Lebensauffassung: nur kein Overstatement!<br>• „Nicht der Gipfel ist das Ziel, sondern der Weg stellt den Sinn des Unterfangens dar" |

Lightning Source UK Ltd.
Milton Keynes UK
UKHW011223220520
363644UK00003B/464

9 783656 641506